José Manoel Ferreira Gonçalves

# HISTÓRIA DAS FERROVIAS PAULISTAS

SENDAS
edições

Projeto Gráfico: Fernando Ribeiro
Editora-adjunta: Bárbara Tanaka
Produção: Cristiane Nienkötter, Raul K. Souza e Valsui Júnior
Capa: Marcelo De Angelis

Editor: Sálvio Nienkötter

Dados Internacionais de Catalogação na Publicação (CIP)
Angélica Ilacqua CRB-8/7057

Gonçalves, José Manoel Ferreira
Ferrovias paulistas : história das ferrovias do Brasil — volume II / José Manoel Ferreira Gonçalves. – Curitiba : Sendas Edições, 2018.
96 p. : il.

ISBN 978-85-68462-75-1

1. Ferrovias paulistas – História 2. Estradas de ferro - Brasil – História I. Título

CDD 385.09811

Texto adequado às novas regras do acordo ortográfico de 1990, em vigor no Brasil desde 2009.

Rua das Cerejeiras, 194
CEP: 82700-510 — Curitiba — PR
Tel. +55(41) 3585-5161
www.sendasedicoes.com.br

1ª edição
2018

# SUMÁRIO

# PREFÁCIO

Tive a Oportunidade de conhecer o professor José Manuel em 2016 quando estávamos finalizando as tratativas para a realização da Semana de Tecnologia Metroferroviária da AEAMESP no campus da UNIP — Paraíso. Uma pessoa apaixonada pelos trilhos, de personalidade forte e que deixa bem claro suas convicções — sempre pronto a lutar em prol do nosso desenvolvimento ferroviário.

Este livro que ora prefacio possui a escassa virtude da síntese. Contrariando estes nossos tempos de palavrórios verborrágicos, este livro, de agradável leitura e em rápidas pinceladas, leva o leitor a uma compreensão abrangente do que foi a história ferroviária de nosso Estado de São Paulo, tão marcada pela cultura cafeeira.

Boa leitura!

**Eng. Pedro Machado**
Presidente da Associação de Engenheiros e Arquitetos de Metrô — AEAMESP.

Este é um livro que busca o resgate histórico, mas a reflexão sobre os descaminhos do ferroviarismo no Brasil é sempre necessária, a temos feito em vários outros livros e na imprensa. A imagem que se segue é um trabalho do grande cartunista Paulo Caruso, que gentilmente cedeu a imagem e a letra de sua música, feita em tempos de governo Sarney, que mostra que as coisas não têm mudado muito em Pindorama nas últimas décadas. Sarney deu início à construção da norte-sul, um projeto que há muito estava engavetado, algo meritório, contudo, já a primeira licitação estava viciada. A Folha de São Paulo publicou com antecipação o resultado do leilão, mostrando tratar-se de um jogo de cartas marcadas. Pois nem isso foi capaz de derrubar o leilão, e a locomotiva da obra seguiu seu curso. Esse trabalho de Caruso foi feito e inspirado neste contexto.

*Gente bem,*
*Tem que viajar de trem*
*Isso é que é locomoção*
*Ônibus não pega bem*

*Viajar,*
*Levar a família inteira*
*Epitácio Cafeteira,*
*Mais o Dante de Oliveira*

*E toca pro Maranhão*
*Não vou gastar um tostão*
*O resto fica pra trás*
*Com o rombo na Petrobrás*

*E vou queimando carvão,*
*Superfaturando o frete,*
*Levando comissão*
*Do Norberto Odebretch*

*Açailândia*
*Será minha Disneylândia*
*São Luís ficou mais perto*
*Esse trem tem que dar certo;*

*A ponte do Parnaíba,*
*Num patrocínio Semp-Toshiba*
*O Mathias Macchline*
*Vai dar a locomotiva*

*E vou buscar minha mãe,*
*Trazê-la ao século vinte*
*E vou ficar cinco anos*
*Apesar da Constituinte...*

*(desenhinho vertical do Sarney conduzindo sua locomotiva)*

# INTRODUÇÃO

A história da malha ferroviária do Estado de São Paulo não pode ser separada da importância da cultura cafeeira na economia paulista na passagem do século XIX para o XX. Poderíamos adotar uma narrativa que representasse esta história, como um filme – um trem saindo de uma fazenda de café, no Oeste do estado ou no Vale do Paraíba, levando imensas cargas do "ouro negro" para ser comercializado em outros lugares.

Neste sentido, as histórias das ferrovias paulistas acabam sendo muito parecidas: uma pequena estrada de ferro no interior do estado, fundada no fim do século XIX, ligando cidades pequenas e atendendo suas demandas, logo é incorporada a uma ferrovia maior, operada por uma experiente companhia inglesa. Depois, essa ferrovia é estatizada, muda de nome, mas seus trilhos e a estação permanecem, integrando agora uma rede cujas ramificações conduzem ao grande centro econômico da capital e aos estaleiros do porto de Santos.

Não é preciso esperar muito tempo, e já logo vemos a ferrovia inglesa estatizada, integrando agora uma rede ferroviária nacional. Esta também não dura muito: surge o rodoviarismo, que aos poucos vai relegando a segundo plano a tão importante malha ferroviária do estado. Depois, os governos do estado passam a ser os responsáveis pela estrada de ferro que corta seu território. Desfeita a rede nacional de ferrovias, a iniciativa privada assume novamente suas administração. Assim, em 100 anos, às vezes menos, aquela pequena ferrovia tem agora apenas a designação de um trecho, e seu nome tem a frieza da denominação da empresa que o administra. Um nome de fantasia.

Em poucas palavras, o café foi o grande impulso desenvolvimentista do estado naquele período, e para que ele fosse escoado, foram construídas as ferrovias. E a produção de café era tamanha que a tarefa de escoá-lo tinha se tornado um negócio rentável, já que o governo do estado oferecia às companhias ferroviárias muitas garantias e privilégios.

As concessões feitas pelo governo, tanto estadual quanto federal, na segunda metade do século XIX para a construção de novas ferrovias é o maior exemplo da presença do Estado na economia política do estado.

Além desta origem em comum, outros dois fatores interligam as histórias dos trilhos paulistas, mas desta feita, sem o fôlego desenvolvimentista do progresso: a queda da Bolsa de Nova York, em 1929 e a gradual implantação do rodoviarismo ao longo do século XX no Brasil.

Entretanto, apesar de comungar de histórias muito parecidas, não se pode contar esta história de modo muito linear. É preciso olhar detidamente para os casos particulares daquelas estradas de ferro que começaram por iniciativa de empresários locais e que depois foram vendidas, estatizadas, trocaram de nome até se tornarem ruínas urbanas, como é o caso de algumas delas.

Em outros casos, o prédio da estação ferroviária é preservado e, na melhor das hipóteses, passou a abrigar um museu ferroviário. Ou então aquela curta estradinha, engolida por uma companhia inglesa, foi tão marcante na cultura local que até hoje povoa o imaginário da população.

Para além da visada econômica principal, que é a relação das ferrovias com o escoamento do café, pretendemos aqui nesta breve história da malha ferroviária paulista explorar também estes nós, estes pontos cegos que por vezes escapam à história oficial. Este ponto de vista revelará ao leitor atento que nem só de café viviam as ferrovias, mas que escoavam também algodão, minérios, ferro, tecidos e até a carga viva dos bois. Deste modo, é possível não só contar a história econômica do lucro gerado pelos trilhos de certa ferrovia, mas também relatar a memória das vilas e povoamentos que surgiram em torno as suas estações e seu crescimento vertiginoso.

Esta mirada trará também à luz uma visão menos maniqueísta: se por um lado as pequenas estradas de ferro foram assimiladas por outras companhias devido ao seu maior poder econômico, o agrupamento de várias ferrovias numa só rede parece que foi a única solução plausível para a tentativa de sobrevivência de toda a malha. O inimigo maior vinha esticando seus tentáculos: era o asfalto das rodovias serpenteando pelo interior paulista, empestadas pelos poluentes caminhões.

Com isso, visamos mapear, além das grandes ferrovias do estado, também aquelas pequenas e bravias estradas que um dia tendo nome, história, vida própria, acabaram cedendo em particularidades e integrando as linhas e companhias cada vez maiores.

Assim, esperamos com este breve mapeamento estarmos mais próximos de uma visão histórica menos linear, já que os conceitos de malha e de rede talvez necessitem mesmo de uma história também não linear, que acompanhe os nós, os entroncamentos, que investigue seus pontos cegos afim de não negligenciarmos o papel que tiveram aquelas pequenas vias de ferro para a integração da malha férrea paulista.

Como não queremos legar ao leitor certa melancolia nostálgica que possa se desprender destas linhas, como se fôssemos saudosos dos tempos dos cavalos de ferro resfolegando a fumaça cinza sobre as luzentes ferrovias, encerramos este livro com um capítulo em que o leitor encontrará uma visão racional sobre o estado em que se encontra a malha ferroviária paulista e também propostas de soluções. Em longo prazo, é claro.

# 1. O OURO NEGRO

Com o fim do ciclo do ouro e as dívidas que o Brasil contraía da Inglaterra para poder tornar-se independente de Portugal, nossa economia no início do século XIX era um monótono marasmo. Nosso principal produto, o açúcar, já era vendido por outros países com custos bem menores; quanto mais países o produziam, menor o seu preço no mercado. Isto tornava cada vez mais inviável a exportação de nosso açúcar.

Enquanto isso, na Europa, fervilhavam as máquinas incansáveis e fumegavam sem cessar as chaminés da Revolução Industrial. Centenas e centenas de indústrias foram criadas, e com isso milhares de novos empregos. A economia se revigorava e questões sociais como a fome, por exemplo – que no século anterior impulsionou a Revolução Francesa – começavam a ceder, gradativamente, e assim melhorava um pouco a condição dos trabalhadores europeus.

Este cenário no Velho Continente era promissor para que países agrícolas pudessem exportar seus produtos. Assim o café desponta como opção: produto apreciado pela aristocracia, agora encontrava um público consumidor muito amplo, os trabalhadores, ávidos de energia estimulante, em face das longas cargas horárias que tinham que cumprir. Um produto que estaria na mesa do operário já na primeira refeição do dia. O Brasil tinha a faca e o queijo na mão: tanto a imensa extensão de terras para o plantio quanto o clima favorável. Tratava-se, portanto, de uma oportunidade para o país reanimar sua economia, e para isso nada melhor do que uma novidade, um novo produto.

* * *

A história das ferrovias paulistas, como já dissemos, vincula-se estreitamente à história da economia brasileira. É como se as razões de ordem econômica fossem a locomotiva que puxou os trilhos e os trens pelas terras paulistas.

Na realidade, o surgimento e a rápida expansão das linhas ferroviárias pelo estado de São Paulo, na segunda metade do século XIX, são subsidiários e, ao mesmo tempo, fomentadores de um dos maiores ciclos econômicos do país, febre de ouro que nortearia o rumo de produtores, comerciantes e políticos brasileiros por quase cem anos: o Ciclo do Café.

Assim, quando no começo do século XVIII Francisco de Melo Palheta, um comerciante de Belém do Pará, trouxe da Guiana Francesa algumas sementes de uma planta cujo fruto era moda na Europa, não imaginava estar plantando em suas terras o futuro do Brasil. O café se espalharia pelo litoral, de fazenda em fazenda, e chegaria ao sudeste. No Rio de Janeiro a produção cafeeira estava concentrada nos arredores da capital, mas muito rapidamente se expandiu para o oeste do estado de São Paulo, onde encontrou um clima e um solo ainda mais propício à nova cultura. As demandas pelo café cresceriam até que, beneficiado pela queda do comércio açucareiro em 1805, conquistaria os fazendeiros paulistas do Vale do Paraíba, que logo substituíram a decadente cana-de-açúcar pelo "ouro negro".

As cidades do Vale do Paraíba prosperaram, e muito. Seu sucesso, aliado à expansão do mercado internacional, logo atraíram a atenção de fazendeiros de várias regiões do estado; um após outro eles passam a adotar o cultivo do café e, como que insuflados por um vento de prosperidade, enriquecem. Em algumas décadas, São Paulo se torna uma economia pujante, firmemente assentada sobre a monocultura do fruto advindo da Europa. Assume o papel de maior produtor mundial de café e, já em 1850, quando o "ouro negro" supera em importância qualquer outro cultivo nas fazendas paulistas, São Paulo é um dos estados que dominam a cena econômica brasileira.

Florestas e mais florestas vão sendo derrubadas para dar lugar a novas áreas de cultivo; as plantações vão surgindo cada vez mais longe do litoral, espraiando-se pelo interior do estado.

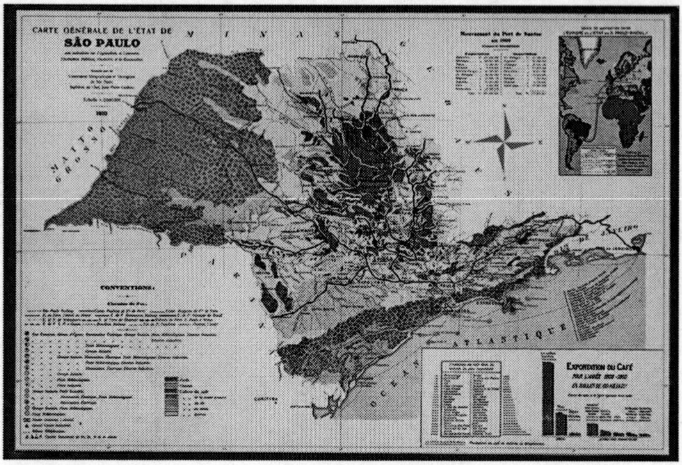


*1909 — Mapa do Estado de São Paulo feito pela Comissão Geográfica e Geológica de São Paulo. Em verde: florestas; em verde azulado: plantações de café.*
*http://sundfeld.meiovirtual.net/paginas/geral/chegada_dos_sundfelds_a_pirassununga.html*

Mesmo com todos estes índices de alto rendimento, ainda havia o problema da falta de infraestrutura. As distâncias entre as fazendas e o porto de Santos, por onde a produção era escoada para o Brasil e para o mundo, aumentavam muito o tempo de translado. As estradas mal comportavam o transporte por meio de carroças, e o velho sistema de transporte através de mulas já se tornara logística e economicamente inviável. Como transportar miríades de toneladas de café por rústicas picadas, pelos sinuosos declives e desníveis da Serra do Mar no lombo das pobres mulas? O que fazer, diante de tal impasse? No passo moroso das mulas, metade da carga de café estragaria pelo caminho... Este fator desestimulava até o plantador mais enfiado nos confins do estado. Mas ainda havia de sobra um mercado consumidor, e recursos suficientes para o necessário investimento.

O plano era produzir uma imensidade de café e levá-lo para a Europa por meio de navios. Mas, como levar o café até o porto de Santos? Surge então a necessidade de se buscar um meio de acelerar o ritmo e os rumos da economia cafeeira.

# 2. A SÃO PAULO RAILWAY

Em 1867, ligando a cidade de Jundiaí ao porto de Santos, é criada a *São Paulo Railway*, primeira ferrovia paulista e segunda no Brasil. Iniciada em 1860, foi construída com capital inglês. Contava também com investimento brasileiro, tendo em seu início o Barão de Mauá como um poderoso acionista. A cidade de São Paulo era um entroncamento da ferrovia, e contava à época com parcos 30 mil habitantes.

De fato, foi o barão quem convenceu o imperador D. Pedro II da importância de uma ferrovia que ligasse a capital São Paulo ao porto de Santos. Conhecedor do assunto e das dificuldades técnicas que a empreitada enfrentaria, Mauá foi atrás do engenheiro ferroviário James Brunless, e também o convenceu a topar o desafio.

O engenheiro britânico não só aceitou como também trouxe outro especialista: Daniel Makinson Fox, um *expert* na construção de ferrovias que pareciam espantosamente dançar, serpenteando íngremes encostas, como as que havia feito no norte do País de Gales e nas montanhas dos Pirineus. Enfim, a *São Paulo Railway* estava em mãos hábeis e seguras.

A construção desta estrada de ferro exigiu um esforço quase sobre-humano: percorria 159 km, 8 dos quais, no trecho da Serra do Mar, desciam 800 metros de desnível em terreno extremamente acidentado.

*Trecho da Serra da SP Railway, em foto da primeira metade do século XX. http://www.novomilenio.inf.br/santos/h0102n.htm*

Inumeráveis dificuldades técnicas apareceram durante sua construção. A tecnologia da época, porém, venceu os obstáculos construindo um grande plano inclinado seccionado por quatro patamares, através dos quais máquinas fixas e cabos de aço conseguiram suplantar o impossível, superando os abismos e os acidentes do terreno. No alto da serra foi construída uma estação, a Paranapiacaba, que era um acampamento de operários, em que havia a troca de sistema dos trens. E assim, a partir da vocação de crescimento das ferrovias, surgiu o município de Paranapiacaba.

Devido às grandes irregularidades e instabilidades do terreno, a SPR foi aberta sem o uso de explosivos, e as rochas foram cuidadosamente escavadas apenas com o auxílio de pregos e cunhas. Eram cortes que podiam chegar a 20 metros de profundidade. Imensos paredões de alvenaria foram construídos, de 5 a 20 metros de altura, no intuito de abrigar o leito dos trilhos das chuvas torrenciais. Apenas neste procedimento foram consumidos 230 mil metros cúbicos de alvenaria.

A *São Paulo Railway*, ou "a inglesa", como ficou conhecida, foi inaugurada em 16

de fevereiro de 1867, oito meses antes do tempo previsto, que era de oito anos.

Houve grande repercussão na imprensa da época, e o café paulista passou a ser escoado pelo meio de transporte mais econômico, eficiente e de pouco impacto ambiental que o homem já criou até hoje para transportar cargas e pessoas em terra.

Em 1895, devido ao grande volume de café transportado para Santos, foi iniciada a construção de um novo trecho ("Serra Nova") para cruzar a serra, em paralelo ao antigo ("Serra Velha").

A concessionária obteve o privilégio de explorar a linha por 80 anos, o que permitiu a ela se tornar a maior empresa do setor no Brasil, quanto ao volume de cargas.

Também, pudera: a ferrovia britânica tinha o monopólio do transporte de cargas e passageiros até o Porto de Santos. Vale lembrar que neste período o trem de passageiros era um importante meio de transporte para quem tinha a cidade de Santos como destino. No ano de 1889 surgiram protestos contra o monopólio de exploração da rota até o porto. O que aconteceu, porém, foi a manutenção deste monopólio por mais 46 anos, até 1935, quando a Sorocabana fez sua linha própria entre Mairinque e Santos.

Esta situação cômoda, sem concorrência, fez com que a concessionária não tivesse interesse por expandir suas linhas além de Jundiaí, abrindo espaço para o surgimento de outras empresas ferroviárias.

Durante o período de concessão, a *São Paulo Railway* deu largada a uma verdadeira explosão de crescimento no estado, para além até da economia cafeeira. Só na cidade de São Paulo, atravessada pela ferrovia no sentido leste-oeste, diversos armazéns e indústrias foram sendo construídos junto às estações de trem. Assim, bairros como a Mooca, Lapa, Campos Elíseos, Luz e Brás provaram um crescimento financeiro, urbanístico e cultural que não teria ocorrido se não fossem "puxados" pelas locomotivas da *São Paulo Railway*.

*Locomotiva Número 110 da São Paulo Raylway.*
*http://www.abpfsp.com.br/ferrovias/ferrovias25.htm*

Um dos exemplos mais notáveis deste influxo desenvolvimentista promovido pelos trens em São Paulo se deu no bairro da Luz. Ali, em 1901, no local em que ficava a estação inicial, a SPR ergueu um dos edifícios mais grandiosos da cidade, com matéria-prima inteiramente importada da Inglaterra: a Estação da Luz.

Em toda a sua trajetória, os lucros da SPR não pararam de crescer.

# 3. ESTRADA DE FERRO SANTOS-JUNDIAÍ

Em 1946, após o término da concessão, a *São Paulo Railway* foi nacionalizada, transformando-se na Estrada de Ferro Santos-Jundiaí, como até hoje é conhecida. Mais tarde, na década de 1970, integrou as malhas da Rede Ferroviária Federal S.A., como uma de suas 18 ferrovias. Era subsidiária de uma empresa maior, mas manteve sua pessoa jurídica. Integrava a 9ª Divisão Operacional da RFFSA, compondo o Sistema Regional Centro Sul juntamente com a Estrada de Ferro Noroeste do Brasil. Em 1975, este sistema passou a se denominar Sistema Regional nº 4.

Desde sua inauguração, ainda como a *São Paulo Railway*, esta ferrovia exigiu complexas intervenções de engenharia, principalmente nos acidentados trecho de serra. O caminho até o alto da serra era muito íngreme e descontínuo, e o vale parecia intransponível. Para atravessá-lo, foi erguido o Viaduto da Grota Funda, que contava com quase 300 metros de comprimento. Foram usados em sua construção materiais vindos da Bélgica, que foram carregados para o alto da serra pelos trens da própria Santos-Jundiaí.

*O viaduto da Grota Funda. Disponível em http://oblogferroviario.blogspot.com.br/2011/07/o-viaduto-da-grota-funda.html*

O viaduto funcionou até 1971, quando este trecho de serra passou do sistema funicular para cremalheira, para suportar trens mais pesados rumo ao Porto de Santos.

A Estrada do Vergueiro, que era uma variante da Estrada da Maioridade, por onde passavam as cargas no lombo das mulas, foi sendo abandonada aos poucos devido às atividades da Santos-Jundiaí, que recebeu a concessão do aterro na baixada entre Santos e Rio Cubatão.

Durante a década de 1960 a Funicular da Serra Velha foi totalmente desativada, confirmando a tendência dos anos anteriores em que esteve subutilizada. Motivo: defasagem tecnológica. Houve também a substituição pelo sistema de cremalheira/aderência, mais barata e de implementação mais rápida. A cremalheira consistia em três linhas de tungstênio, paralelas e dentadas, que eram postas entre os trilhos. Estes se acoplavam na locomotiva por meio de rodas dentadas retráteis.

A década de 1990 trouxe novas mudanças. O tráfego de passageiros por longas distâncias chega ao fim em 1995, sendo assim desativada a Estação de Santos, que tinha sido a primeira a ouvir trilar o apito de um trem no estado de São Paulo.

A estação fora construída com bons materiais, mas não tinha armazéns o bastante e estes eram pequenos diante do volume de cargas que por ali passariam. A mesma estação abrigava as composições do Cometa, uma locomotiva clássica da Santos-Jundiaí, que contava até com bancas de jornais. O que pode nos parecer hoje de uma simplicidade trivial, o trem e o jornal impresso, hoje obsoletos, eram uma inovação gritante para a época, e deviam dar a sensação de que, sim, o mundo parecia girar mais rápido. Ou que o Brasil começava a girar junto com o mundo mais avançado daquela época.

A locomotiva Cometa povoa o imaginário do paulista também porque permitia o veraneio em Praia Grande, descendo na Estação do Valongo. Este terminal contava com bondes que levavam passageiros até São Vicente, donde seguiam em ônibus até Boqueirão, por exemplo. Dada sua importância histórica, a Estação do Valongo foi restaurada em 2004 e dois anos depois passou a pertencer à prefeitura de Santos. Hoje o local abriga o Museu do Bonde e a Secretaria de Turismo. Em 2010, a estação foi tombada pelo CONDEPHAAT (Conselho de Defesa do Patrimônio Histórico, Arqueológico, Artístico e Turístico do Estado de São Paulo) em 2010.

Enfim, voltando ao cenário da década de 1990, o serviço de transporte de passageiros foi mantido entre Jundiaí e Paranapiacaba, com os TUE (Trens Unidades Elétricos) metropolitanos. Em 1997 passou ao controle da MRS Logística, que administra a ferrovia entre Santos e Rio Grande da Serra.

*A Estação de Santos, em 1956. Foto da Enciclopédia dos Municípios Brasileiros, IBGE, 1958.*

À Companhia Paulista de Trens Metropolitanos coube responsabilizar-se pelo trecho entre Rio Grande da Serra e Jundiaí. A companhia dividiu o trecho, operando ali suas linhas de trens de subúrbio.

Os trens de passageiros por longas distâncias foram desativados ainda em 1996 pelo governo do estado. Os trens de subúrbio que iam até Paranapiacaba foram extintos em 2001. Parece não haver interesse da Concessionária em reativar o trem de subúrbio, e a rede elétrica foi retirada. Por essa época o sistema por cremalheira estava muito defasado, obrigando a concessionária a transportar somente minério de ferro, sem espaço para outras cargas. Em 2010 a MRS adquiriu as locomotivas suíças Stadler, as mais potentes do mundo, aumentando a capacidade de transporte de carga.

# 4. ESTRADA DE FERRO SOROCABANA

Mesmo com a fundação em 1867 da *São Paulo Railway*, cujo advento facilitou enormemente o transporte do café para o porto de Santos a partir de Jundiaí, os produtores do interior enfrentavam dificuldades e tinham lucros limitados. Ainda era preciso levar o produto das safras até Jundiaí em lombo de mula, às vezes partindo de lugares remotos, uma vez que o "ouro negro" se espalhara pelo estado.

Foi devido a isso que, apenas três anos após a fundação da *São Paulo Railway*, surgiu em 1870 a Companhia Ituana de Estradas de Ferro, cuja breve história contaremos mais detalhadamente em capítulo a parte.

A Ituana foi resultado das forças somadas de fazendeiros da região de Itu e empreendedores da mais distante Sorocaba. Ela unia a região aos terminais da SPR, em Jundiaí, franqueando caminho por trem até o porto. Surgiu, porém, uma discussão entre os acionistas da empresa, que discordavam do traçado escolhido para o trecho mais importante da ferrovia. A discussão levou a uma cisão, e os empreendedores de Sorocaba, sob a liderança de um empresário húngaro que vivia então no Brasil, Luis Matheus Maylasky, decidiram fundar a sua própria ferrovia.

Nascia assim a Companhia Estrada de Ferro Sorocabana, no mesmo ano de 1870. Os empresários queriam estabelecer uma ligação entre São João do Ipanema (à época sob a administração de Sorocaba), local em que havia uma próspera fundição, e a Estação Júlio Prestes, na região central de São Paulo, com a própria Sorocaba no caminho. Em 10 de julho de 1875 a ferrovia foi inaugurada, percorrendo uma extensão de 120 km. Puxada por uma locomotiva a vapor, a primeira composição saiu da capital às 8h30 da manhã, rumo à estação de Sorocaba. Levava com orgulho acionistas e convidados sobre os trilhos recém-implantados.

Com um traçado que lembra uma espinha de peixe, com uma linha-tronco e ramais que seguem em ambos os sentidos, tecnicamente chamada de ferrovia espinal, a E. F. Sorocabana seguiria rumo ao oeste do estado, com a ampliação de suas linhas, a começar pela linha-tronco entre Botucatu e Assis em mais 285 km, entre 1889 e 1915.

Em 1905 foram construídos os ramais de Bauru, ligando a cidade até Botucatu, com uma extensão de 122 km. No ano seguinte, foi construído o ramal de Piraju, com 26 km de extensão, ligando esta cidade a Manduri. Em 1908 é concluído o ramal de Santa Cruz do Rio Pardo, ligando a cidade até o município de Bernardino de Campos, com 24 km de extensão.

Seus trens dariam origem a povoações e cidades ao longo do percurso. A ferrovia chegou a Presidente Prudente em 1919 e alcançou as barrancas do Rio Paraná em 1922, mais precisamente em Epitácio Pessoa, divisa de São Paulo com o Mato Grosso (hoje Mato Grosso do Sul). Mas foi só em 1937 que os trilhos alcançaram a almejada Baixada Santista.

*Estação da EFS em Sorocaba (registro de 1949). http://sao-paulo.estadao.com.br/blogs/pelo-interior/estrada-de-ferro--sorocabana-era-inaugurada-ha-140-anos/*

Antes disso, porém, houve um alinhamento de interesses. Uma vez que operavam na mesma área, a Cia. Ituana e a Cia. Sorocabana resolvem se associar. Surge a Companhia União Sorocabana e Ituana, empresa poderosa que cobria 820 km de extensão de trilhos, além de atuar em vias fluviais, navegando por 222 km nos rios Tietê e Piracicaba. As operações iam a pleno vapor até que, em 1900, uma grande crise financeira assolou a companhia. O Governo Federal assume a empresa e, mais tarde, ela é entregue ao Governo do Estado de São Paulo. Este decide privatizá-la e a arrenda a um consórcio internacional que já administrava outras companhias ferroviárias brasileiras, a *Brasil Railway*. Mas a empresa novamente volta às mãos do estado, e a partir de 1918 o Governo de São Paulo passa a administrar a companhia, submetendo-a a um novo processo de modernização. Equipamentos e máquinas são adquiridos, linhas são ampliadas, surgem novas estações e oficinas. Um das mais importantes obras deste período foi a construção de uma importante estação na cidade de São Paulo, aquela que atualmente chamamos de Júlio Prestes. A Sorocabana, em 1944, chegou a ser um pequeno acionista da Cia. Brasileira de Material Ferroviário, com 0,5% de participação.

Por fim, vale dizer que a Companhia Sorocabana foi uma ferrovia de primeira categoria, e este não é um elogio vazio ou decorativo: de acordo com o antigo DNEF (Departamento Nacional de Estradas de Ferro), recebiam esta classificação as estradas de ferro que tinham mais de mil quilômetros, facilmente superados em sua caudalosa extensão de 2.215 quilômetros.

*Locomotiva e funcionários da Sorocabana, no início do século XX. http://www.abpfsp.com.br/ferrovias/ferrovias37.htm*

Outro critério para ser uma ferrovia de primeira categoria era sua receita bruta anual maior do que 20 milhões de cruzeiros. Tal faturamento pode ser entendido se tomarmos como exemplo o ano de 1955, em que a ferrovia transportou 384.426 passageiros, 66.476 animais e 825.563 toneladas de cargas. A Sorocabana possuía ainda 490 km de redes eletrificadas e, na década de 1950, exercia as três formas de tração: a diesel, por vapor e a elétrica. Isso justifica a Sorocabana ter sido considerada, naquele ano a ferrovia que mais se aproximava do montante da Paulista, um gigante do ferroviarismo deste estado.

# 5. A "COMPANHIA YTUANA DE ESTRADA DE FERRO"

Mesmo que a Companhia Ituana (1873-1892) tenha em pouco tempo se unido à Companhia Sorocabana, e visto seus rumos mudarem radicalmente, ela é um capítulo importante da épica história da malha ferroviária paulista. Ademais, a própria Cia. União Sorocabana e Ituana transformou-se em Cia. União Sorocabana e Ytuana (1892-1907), que por sua vez tornou-se a *Sorocabana Railway* (1907-1919). Esta passou a designar-se Estrada Ferroviária Sorocabana (1919-1971), por fim incorporada à FEPASA (1971-1985).

No fim do século XIX Itu prosperava. Havia na cidade muitas áreas de cultivo agrícola, mas a atividade principal era o plantio de café. Outra atividade que ia de vento em popa era o setor industrial, com destaque para Fábrica de Tecidos São Luiz, que tinha sido inaugurada já em 1869. É nesta toada de desenvolvimento que os empresários ituanos – fazendeiros, industriais e comerciantes – perceberam a necessidade urgente de criar uma companhia que se responsabilizasse por construir uma estrada de ferro. Essa ferrovia iria expandir as perspectivas da cidade.

Era preciso integrar Itu, incluir o município nessa rede férrea, que rapidamente ia criando um verdadeiro circuito econômico no Estado de São Paulo. Ampliando seus horizontes, esses empreendedores perceberam também que a tão almejada ferrovia poderia inclusive escoar as mercadorias de Itu até Jundiaí, onde já havia um terminal da *São Paulo Railway.*

Com isso, alcançariam também o mercado consumidor da Capital da Província e do litoral paulista. Havia entre os empresários a certeza de que esta estrada de ferro iria diminuir os gastos com o transporte para exportar produtos de Itu e para a chegada de produtos importados.

No início do ano de 1870 surge a Companhia Ytuana de Estrada de Ferro. Alguns empresários de Sorocaba, que tinham como líder Luiz Matheus Maylasky – um industrial húngaro em terras brasileiras – queriam que a linha férrea se estendesse até Sorocaba. Como a sugestão não foi bem-vinda, os sorocabanos criaram em fevereiro do mesmo ano a Estrada de Ferro Sorocabana.

José Elias Pacheco Jordão foi o principal catalisador das forças empreendedoras que levaram à criação da Companhia Ituana. Tornou-se assim seu primeiro presidente. Foi político dedicado, filiado ao Partido Conservador. Pacheco Jordão reunia as condições para atrair o capital ituano para a construção da ferrovia, e de fato a estrada foi fruto quase que unicamente dos recursos financeiros da iniciativa privada da cidade. O principal investidor foi o Grupo Pacheco ou, melhor dizendo, os "Pachecos de Itu".

Com 67,5 quilômetros de comprimento, o primeiro trecho da Estrada de Ferro Ituana foi inaugurado em 17 de abril de 1873, e levou quase três anos para ser construído. Finalmente, Itu e Jundiaí estavam fortemente unidas por laços de ferro e ventos de prosperidade.

Sua primeira locomotiva transportou alguns participantes da Convenção de Itu, a primeira convenção republicana brasileira, que começava a convocar corações e mentes para a formação da República Federativa do Brasil. Efetivamente, 16 anos depois veio a Proclamação, e em 1923, com a inauguração do Museu Republicano, a cidade paulista recebe o título de "Berço da República".

A convenção aconteceu justamente um dia após a inauguração daquele trecho inicial da ferrovia ituana. Foi proposital a proximidade das datas e a escolha de Itu como sede: os apólogos do republicanismo queriam aproveitar-se das festividades relativas ao nascimento da ferrovia.

Dessa Convenção é que partiram os movimentos que culminaram com a eclosão da Proclamação da República, efetivada no dia 15 de novembro de 1889, 16 anos após a Convenção de Itu. Para se ter uma ideia, dos 133 integrantes da Convenção, 78 eram cafeicultores, o que demonstra o interesse desses empresários pela proclamação e a participação dos empresários paulistas neste movimento político.

Sim, naqueles dias, Itu era uma festa. O município amanhecia todo enfeitado, para comemorar a vinda daqueles trilhos, providenciais ao progresso da cidade e que iriam recepcionar o Presidente da Província de São Paulo, o deputado Prudente de Moraes, e toda e sua comitiva republicana. As bandas tocavam polcas e temas festivos e populares, brilhavam no céu os fogos de artifício e foi servido um generoso banquete.

Havia mesmo motivo para se comemorar: naquele ano de 1873 a Companhia Ituana desbravou um ramal que partia da estação de Itaici, no município de Indaiatuba (que mais tarde abrigaria um curso de Formação em Transportes), na linha tronco, e chegava até o município de Indaiatuba.

As cidades de Capivari e Piracicaba teriam que esperar ainda alguns anos e foi apenas em 1892 que o prolongamento da linha férrea ituana foi inaugurado, ligando Piracicaba até a cidade de São Pedro. Neste mesmo ano a Ituana se funde com a Sorocabana, surgindo então a Companhia União Sorocabana e Ituana.

E tamanha foi a vocação expansionista da companhia "Ytuana" (segundo a ortografia da época) que não deixou por menos e esticou seus braços hidroviários: com 240 quilômetros de trilhos, estendeu-se também pela malha fluvial, levando cargas em barcos a vapor que navegavam nas águas dos rios Piracicaba e Tietê. Para isso, usavam o terminal do Porto de João Alfredo, em Piracicaba, indo até Porto Martins, para nesta cidade retomar seus caminhos de ferro em São Manuel.

*A estação da Ituana. Disponível em http://www.camarapiracicaba.sp.gov.br/1890-piracicaba-acolhe-inumeros-imigrantes-16902*

A companhia ituana trazia uma característica do DNA da malha ferroviária paulista: a pontualidade. Da estação de Itu a Parapitingui, o trem de carga levava 17 minutos, e o de passageiros, 10 minutos. Apenas um minuto de atraso era motivo para uma pequena multa ao funcionário responsável, módica e simbólica, é justo dizer, mas extremamente desonrosa para o funcionário, tal era a importância que a companhia dava à pontualidade. Um minuto de atraso era uma vergonhosa marca no prontuário de qualquer funcionário.

Outro exemplo do respeito aos horários dos trens na Ituana era o fornecimento de leite para a cidade de Mairinque, partindo da estação de Pirapitingui. Os produtores ordenhavam as vacas às quatro horas da manhã e levavam-no lentamente, carregando o leite em poucos tambores, de carroça com tração a cavalo, até a estação, lá chegando por volta das 8h da manhã. O leite tinha que chegar a Mairinque até no máximo 10 horas da manhã, senão coalhava.

Além da estação de Itaici, em Indaiatuba, a estação ituana também investia na formação técnica de seus funcionários. Enquanto a primeira era responsável pelas aulas teóricas, em Itu havia aulas práticas sobre telegrafia, funcionamento dos armazéns e o despacho de encomendas e cargas vivas, no caso, vagões cheios de gado que rumavam para a capital.

Dando um salto de quase 100 anos podemos ver, durante a década de 1980, a linha-tronco ituana agonizar lentamente, até ser totalmente desativada. Por esse tempo foram entregues à FEPASA os trechos da variante, que unia a estação de Boa Vista ao município de Mairinque, que se estendia até o porto de Santos. Este veio a ser um importante meio de exportação de produtos brasileiros.

Ainda nos anos de 1980, a antiga linha-tronco da Ituana que passava na área central da cidade foi progressivamente desativada, à medida que se entregavam os trechos da variante da FEPASA unindo a estação de Boa Vista, em Campinas, à cidade de Mairinque, tornando-se um importante corredor de exportação dos produtos brasileiros para o porto de Santos.

Da antiga Companhia Ytuana de Estrada de Ferro, vemos hoje a estação ferroviária de Itu, desativada em 1987, já sem trilhos, usada como sede da empresa de águas de Itu. Já não há mais aquela atmosfera de movimento que caracteriza as estações de trem, que mesmo imóveis, nos transportam no espaço e no tempo.

Vemos as ruínas dos galpões, que um dia guardaram o melhor café do mundo e serviram de oficinas de maquinário. Nesses armazéns o café descansava, esperando o preço aumentar para ser vendido. Esses mesmos armazéns também estocaram o açúcar produzido em Piracicaba.

Permanece o leito da ferrovia, cujas manobras dos trens nos primórdios chegava a interromper o fluxo de algumas ruas, bloqueando os cortejos dos enterros. Este leito hoje é cortado agora por uma larga avenida, que guarda a memória das soluções que nos trariam a sonhada malha ferroviária brasileira: esta avenida desafoga o tumulto dos carros no centro da cidade.

# 6. COMPANHIA PAULISTA DE ESTRADAS DE FERRO

Fundada em 1864, a Companhia Paulista de Estradas de Ferro (CPEF), que recebeu também a denominação de Companhia Paulista de Vias Férreas e Fluviais, tornou-se conhecida pelo atendimento impecável prestado ao público e pelo alto padrão de qualidade de todos os seus serviços. Seus trens eram tão pontuais que as pessoas utilizavam suas chegadas e partidas para ajustar os relógios.

A CPEF nasceu da determinação de um grupo de cafeicultores da região de Campinas, cidade que era então considerada a capital agrícola do estado. Embora a exploração do trecho Jundiaí-Campinas fosse privilégio da *São Paulo Railway*, esta companhia não demonstrava nenhum interesse no empreendimento. Os cafeicultores, motivados pela necessidade de aumentar sua produção e escoá-la em maior quantidade e mais rapidamente (coisa que só o trem facultaria), sob a liderança do presidente da Província de São Paulo, Saldanha Marinho, lançam a Companhia Paulista de Estradas de Ferro.

*A estação de São Carlos, uma das mais importantes da Companhia Paulista.*
*https://pt.wikipedia.org/wiki/Companhia_Paulista_de_Estradas_de_Ferro#/media/File:Estação_ferroviaria_de_São_Carlos.jpg*

Como já mencionamos, novas áreas de cultivo iam surgindo por todo o interior do estado. Campinas funcionava então, para as zonas de produção do interior, como elo com a capital e o Porto. A necessidade de transporte inteligente para o café no interior era tão premente que no ato de criação da CPEF já foram abertas subscrições com o intuito de se abrirem novos trechos de ferrovias, ramificações que atendessem às produções de Araraquara, Limeira, Rio Claro, Descalvado, Capivari, Piracicaba, São Carlos e Pirassununga. Basta examinar uma mapa de São Paulo para se ter uma ideia da extensão que assumira a economia do café no estado e da importância estratégica que Campinas tinha para as cidades mais longínquas.

Em 1872 entrou em operação a conexão Jundiaí-Campinas. As linhas se estenderam pelo interior até 1880, atendendo a todas as demandas, e a empresa ganhara tamanho porte que explorava também a navegação fluvial, descendo e subindo as águas do rio Mogi-Guaçu.

Grande, consolidada, bem administrada, abrindo concessões para novas linhas, em 1911 a CPEF era sinônimo de perfeccionismo. Seu nome era Organização e Pontualidade. A empresa investiu pesadamente na qualidade e na quantidade de seu material, seja o fixo ou o rodante, proporcionando crescimento do volume de cargas transportado, alcançando grande variedade de mercadorias, gerando excelentes resultados operacionais até o final da década de 1950.

A Paulista foi responsável por inúmeros avanços no sistema ferroviário brasileiro. Trouxe dos Estados Unidos, por exemplo, os carros dormitórios, restaurantes e o *pullman*. Foi ela também quem implantou pela primeira vez na América do Sul os trens a tração elétrica.

A Companhia investiu na remodelação do traçado, na modernização da sinalização das linhas e das oficinas, na compra de pequenas e médias ferrovias e no sistema de tração elétrica e diesel-elétrica. Pode-se dizer que no período entre 1940 e 1960 a Paulista não parou de se expandir: adaptou seus serviços para atender as demandas dos usuários e propiciou uma margem razoável de lucro, num momento em que a economia paulista estava se reerguendo.

Entre os anos de 1930 e 1961, a Paulista ampliou sua malha ferroviária em 675 quilômetros. É claro que esta trajetória de sucesso não pode ser vista como a tônica dominante na história do ferroviarismo no Brasil, e pode-se dizer que seu desempenho extraordinário foi, infelizmente, uma rara exceção.

*Locomotiva elétrica Wintenthur-Brown Boveri comprada em 1929 pela Companhia Paulista.*
*https://pt.wikipedia.org/wiki/Locomotiva#/media/File:WBB_BOX_320_CP.JPG*

A Paulista, entre os anos de 1924 e 1962 aumentou sua linha em mais 370 quilômetros, de Bauru à Panorama, nas fronteiras do estado com o Mato Grosso, e no mesmo período estendeu em 54 quilômetros a ponta de linha que ia de Barretos a Porto do Cemitério, no município de Colômbia.

Foi atrasadamente que a Companhia sentiu as consequências da política de desestímulo ao setor ferroviário, isso se for comparada a outras ferrovias. Talvez isto tenha acontecido porque seus representantes exerceram alguma influência nos quadros do governo do estado. Existe a hipótese de que isto se deva ao fato de membros da diretoria da Paulista terem tido mandatos na Assembleia Legislativa de São Paulo e no Congresso Nacional.

Quanto a isto, vale lembrar do pioneirismo da Paulista no desenvolvimento das ferrovias em São Paulo e sua contribuição à agricultura e ao crescimento econômico do estado, e então podemos entender a importância da Companhia nas políticas de desenvolvimento.

Um episódio interessante foi o contrato firmado entre a Paulista e o governo provincial, em 12 de junho de 1877, segundo o qual a Companhia iria usufruir de uma política de juros garantidos. Acontece que em seus primeiros anos de operação (1872-1873) a Paulista não obteve os 7% de lucro sobre seu capital, exigência prevista em contrato para poder continuar a usufruir dos baixos juros garantidos. Ora, quando o investimento é pesado, envolvendo muito dinheiro, este é um resultado esperado. Na verdade este pequeno fracasso demonstra a viabilidade de se investir o capital do café em ferrovias como a Paulista. De fato, em oito anos de funcionamento a companhia saldou até seus débitos relativos aos juros.

Em 1882, a Companhia Paulista foi a primeira ferrovia no Brasil a oferecer isenção tarifária aos passageiros imigrantes, que eram mão de obra assalariada nas fazendas do interior do estado.

Ao fim e ao cabo, a Paulista foi a melhor opção de investimento, em termos de ferrovias, até a eclosão da Primeira Grande Guerra. Vale ressaltar um elemento nesta história da Paulista que encontra ecos no Brasil de hoje: a companhia nem teria a necessidade de garantia de juros, uma vez que seu retorno estimado é praticamente o mesmo com e sem o subsídio governamental. As elites cafeeiras, seus investidores e acionistas, conheciam muito bem o preço e a procura pelo seu produto e, principalmente, sabiam qual quantidade de café que escoaria pelos trilhos férreos do estado.

A Companhia Paulista contraiu empréstimos do *English Bank of Rio de Janeiro*, e depois do mesmo banco, que passou a se chamar *British Bank of South America*. Os recursos foram usados nos novos prolongamentos do ramal de Mogi-Guaçu e no pagamento a Antonio Prado, que emprestara dinheiro à Cia. como adiantamento. Filho da aristocracia paulista cafeeira, mais tarde Prado tornou-se proprietário e presidente da Cia. por 30 anos, além de ter sido dono de dois bancos, o Banco do Comércio e Indústria do Estado de São Paulo e do Banco Comind. Os empréstimos também foram usados na compra da Estrada de Ferro Rio Claro.

Um destes empréstimos foi contraído junto à praça de Nova York em 1922, e o dinheiro foi aplicado na eletrificação das ferrovias, projeto pioneiro no Brasil. O engenheiro Francisco Paes Leme de Monlevade foi responsável pela execução do projeto, eletrificando o trecho entre Campinas e Jundiaí, a principal linha da Paulista. Os diretores da companhia acharam vantajosos os investimentos na eletrificação pelas vantagens da tração elétrica, se comparada à tração a vapor. Isto se refletia na economia de combustíveis, de pessoal, na condução dos trens, na reparação de locomotivas e nos materiais empregados.

Assim, o café torna-se o principal gênero transportado pela ferrovia na primeira década do século XX, período em que a produção do café apresentou um aumento de mais de 50% no estado de São Paulo. No caso da Paulista, um dos motivos principais do aumento do volume de café transportado em suas estradas foi a desativação do transporte pelo rio Mogi-Guaçu, que era feito desde 1883 pela Companhia Paulista. Esta hidrovia fluvial foi deixando aos poucos de ser utilizada, porque as ferrovias vinham se mostrando mais eficientes neste tipo de transporte.

Com o início da crise do café no fim do século XIX, o setor agrícola paulista vinha se diversificando, o que se podia perceber pelas novas mercadorias transportadas através das linhas da Paulista. Essa diversificação da economia paulista estimulou a companhia a prolongar seus trilhos até a cidade de Barretos no fim da década de 1910, chegando assim ao principal polo agropecuário do estado de São Paulo.

# 7. COMPANHIA RIO CLARO DE ESTRADAS DE FERRO E A *RIO CLARO RAILWAY*

Como vemos se repetir na história da malha ferroviária paulista, a Companhia Rio Claro de Estradas de Ferro, também conhecida como Companhia São Carlos, foi idealizada por um grupo de empresários agrícolas cafeeiros que queria escoar seu produto até o porto de Santos.

Esta ferrovia foi, na verdade, construída pelo capital cafeeiro da região e pela influência de Antônio Carlos de Arruda Botelho e de seu sogro, o Visconde de Rio Claro. O projeto também teve como responsável o Barão do Pinhal. Foi ele que em 1881 contratou o engenheiro Paula Souza para a execução do projeto. O engenheiro tinha experiência na execução de projetos no Brasil, como na Companhia Ituana e na Companhia Paulista, e também nos Estados Unidos.

Paula Souza foi uma figura interessante, tendo sido pioneiro no Brasil na utilização de um método novo de medição topográfica. Era o Taqueômetro Cleps, que tinha sido indicado pelo engenheiro da Estrada de Ferro de Orleans, na França. Pois Paula Souza tinha consigo, de sua propriedade, um aparelho como este, que proporcionou mais precisão na coleta de dados e muita economia de tempo.

Em 15 de outubro de 1881 a linha começou a ser construída, sendo concluída em dezembro de 1882. Porém, apenas no ano seguinte a linha esteve disponível ao tráfego provisório. Esta ferrovia que ligava Rio Claro a São Carlos tinha uma extensão de pouco mais que 77 quilômetros, e seu traçado contava com estações, oficinas de reparos e armazéns.

A ferrovia foi inaugurada oficialmente e aberta para o tráfego regular em 1884, o que mereceu festividades na cidade de São Carlos. A Companhia Rio Claro de Estradas de Ferro, em 1887, já tinha se expandido até Araraquara e até Jaú, por meio de um ramal, cumprindo o que constava em um contrato com o governo da província. A estrada apresentou lucratividade e foi uma das principais fornecedoras de café no estado.

Em 1887 Arruda Botelho, o Visconde do Pinhal, político e empresário, declara sua renúncia ao cargo de diretor e presidente da companhia. Isto tornou possível a venda da ferrovia. No início do ano seguinte a Paulista apresentou a Firmino de Moraes Pinto, novo presidente da Rio Claro, a ideia de unir as companhias. Até que no começo a proposta parecia razoável, mas para o homem forte da Rio Claro esta fusão teria de ser completa e as ações teriam que ter valores paritários. Mas ainda em 1888 a Cia. Paulista recusou a paridade do valor das ações, e propôs que a base do valor fosse de três ações da Rio Claro para duas da Paulista. A segunda proposta foi veementemente recusada e o negócio não saiu do papel. Assim, novamente a Cia. Paulista não conseguiu se expandir para o centro-oeste do estado.

Entretanto, a venda parecia inevitável. Um pool inglês reunindo investidores do *Union Bank of London*, do *English Bank of Rio de Janeiro* e da *São Paulo Railway Company* tinha grande interesse em fechar negócio. Assim, foi vendida a Cia. Rio Claro em setembro de 1889, passando a ser chamada de *Rio Claro São Paulo Railway Limited*, ou simplesmente *Rio Claro Railway*.

Sob o comando dos ingleses, a nova companhia também teve uma curta história. Já em seu primeiro ano seus novos proprietários e diretores começaram a construir os ramais de Água Vermelha e Ribeirão Bonito e fizeram expandir a linha de Araraquara e Jaboticabal.

Porém, logo a *Rio Claro Railway* foi posta à venda, ainda que tenha obtido êxito financeiro. Talvez, quem sabe, o próprio sucesso é que tenha motivado a venda, na sanha de vendê-la a um preço excelente; talvez o sucesso não tenha sido assim tão grande, pois certos cafeeiros paulistas não estavam satisfeitos quanto aos serviços prestados pela companhia. Outro motivo pode ser as dúvidas quanto às políticas econômicas no início do Brasil República, que deixavam os investidores ingleses desconfiados.

Era, novamente, uma oportunidade de a Companhia Paulista comprar a ferrovia de Rio Claro, que de fato foi adquirida em 1892. Assim, a Paulista ia aos poucos trilhando seu caminho rumo ao centro-oeste paulista, para ampliar ainda mais seus rentáveis negócios.

Mas havia também a impressão de que aquele não tinha sido um bom negócio, e tal impressão duraria ainda um tempo, isto porque o valor pago teria sido bem maior do que aquele que, anos antes, constava na proposta de fusão. Mas o tempo veio mostrar que aquele novo caminho era promissor, e o dividendo que rendeu foi satisfatório para a Companhia Paulista.

Agora a estrada de ferro de Rio Claro torna-se um prolongamento do primeiro trecho da linha-tronco da Paulista, que ligava Jundiaí até Campinas. A linha ganhou bitola larga, e na década de 1920 foi expandida primeiramente até São Carlos e posteriormente até Rincão.

A estação original, de 1876, foi demolida em 1911, e logo a Cia. Paulista inaugurou-a em um prédio novo. A estação de Rio Claro foi um ponto de bifurcação por 50 anos, entre 1916 e 1966.

Com o alargamento de bitola efetivado pela Paulista em 1916, o trecho da serra de Corumbataí transformou-se no ramal de Anápolis, que depois veio a ser o ramal de Analândia. O trecho Anápolis-Visconde de Rio Claro, por sua vez, foi desativado em 1941.

A estação de Rio Claro era importante porque a cidade abrigava as oficinas da Paulista e da FEPASA, além do Horto Florestal Navarro de Andrade, que tinha se tornado propriedade das companhias. No fim da década de 1940, a cidade tinha 1300 funcionários da ferrovia, lotados na oficina, na estação e em outras unidades. Por fim, a estação foi tombada pelo CONDEPHAAT em 1985.

*Vista aérea das oficinas da Cia. Rio Claro. Disponível em http://www.estacoesferroviarias.com.br/r/rioclaro.htm*

A estação de Rio Claro, também chamada de Guanabara, por ficar em um bairro com este nome, foi inaugurada em 1980. A nova estação ficava na variante Santa Gertrudes-Itirapina, que margeia a cidade a oeste. Ambas as estações mantiveram o transporte de passageiros, mas o serviço só funcionava em alguns poucos trajetos.

Na segunda metade da década de 1980, novos sinais de degradação do sistema: o pátio da estação estava repleto de carros de passageiros, o mato ia crescendo em volta da estação, em frente à plataforma.

A partir da privatização ocorrida no fim da década de 1990, a Ferroban passou a operar os trens de passageiros, e somente a estação de Rio Claro-Nova foi utilizada. A estação de Rio Claro ficou fechada por longos.

A antiga linha entre Santa Gertrudes e Camaquã foi abandonada em definitivo em março de 2001, com o fim dos trens de passageiros. No ano seguinte foi retirada a linha entre a estação de Rio Claro e a junção com a variante, próximo a Camaquã. Já o trecho Santa Gertrudes-Rio Claro foi transformado em um ramal, já administrada pela Brasil Ferrovias.

Os trilhos da gare de embarque e desembarque não existem mais desde 2012. Alguma movimentação de terra no pátio dava a crer que a área seria transformada em um parque. Os trilhos agora passam ao lado direito da gare e dirigem-se para as oficinas, hoje administradas pela ALL. Em sua estação hoje funciona um centro de eventos, sob a velha gare da plataforma. De fato, as reformas e reparos operados na estação a descaracterizaram em sua essência arquitetônica, perdendo-se com isso parte da história da Ferrovia rio-clarense.

# 8. CEFD — COMPANHIA ESTRADA DE FERRO DO DOURADO

Entre as décadas de 1880 e 1890 o café vinha se espalhando rapidamente pela região de Araraquara e todo o seu entorno. Nesta época as linhas de ferro da Companhia Paulista alcançavam apenas a cidade de Ribeirão Bonito. Neste contexto, foi fundada em 1898 a Estrada de Ferro do Dourado, impulsionada pelo rápido crescimento da agricultura cafeeira do entorno dessa região. Foi o empresário Ciro Marcondes quem recebeu a concessão do Estado de São Paulo para a construção de uma ferrovia que ligaria Ribeirão Bonito a Dourado.

Aprovado o planejamento da ferrovia em 1899, adotando a bitola estreita, a primeira linha da Douradense foi inaugurada já no ano seguinte. Como de praxe, o trem foi recebido com muita festa, com ampla cobertura jornalística para a época (O Correio Paulistano, o Comércio de São Paulo e o Diário Popular cobriram o evento). Dentre a multidão que o aguardava estavam muitas famílias e gente importante das duas cidades, como juízes e funcionários do foro de Ribeirão Bonito. Em apenas três anos, a linha de 10 km foi estendida até Boa Esperança, passando a ter 42 km.

Em 1906 a ferrovia chegava a Ibitinga, no quilômetro 148, e foi alterado o traçado da linha-tronco. Quatro anos depois, havia entre Ribeirão Bonito e Trabiju uma nova linha de bitola métrica, contornando a Serra dos Dourados, pois a linha com bitola estreita era muito acidentada. Assim, para se chegar até Dourado partindo de Trabiju, a antiga linha ganhou o nome Ramal de Dourado.

Em 1910 sua linha-tronco foi modificada naquele trecho entre Dourado e Ribeirão Bonito. Damos um salto até 1922 – e não é à toa que frequentemente nos referimos a este ano, quando fervilhava na capital paulista o movimento artístico que culminou como a Semana de Arte Moderna de 1922, fruto em grande medida do desenvolvimento econômico do estado, oriundo em boa parte do café – e neste ano quase todas as linhas da ferrovia já contavam com a bitola métrica. Apenas o ramal de Dourado continuou com a bitola estreita até a sua desativação em 1933.

A Cia. Douradense foi se aproximando de seu fim na segunda metade da década de 1940. A ferrovia nesta época já amargava a concorrência dos caminhões: a malha rodoviária serpenteava pelo interior do estado, com carrocerias ávidas por levar o café paulista até o porto de Santos e daí para o mundo.

A companhia tinha muitas dificuldades para gerar caixa, pois todos os dias perdiam clientes que cada vez mais preferiam o modal rodoviário. Suas linhas estavam velhas e necessitavam de constante manutenção, o que tornava a empresa pouco competitiva para enfrentar a concorrência, que além de mais barata, impressionava naquele momento pela sua alta versatilidade. Não se tinha na época uma visão global dos malefícios do rodoviarismo. E mesmo que em nosso país houvesse essa consciência naqueles tempos, teríamos força para defender nossa malha ferroviária? Dependeria apenas de vontade política por parte do poder público?

*Trem chegando na estação de Bocaina. Foto: Museu Histórico de Bocaina "Ruth Bueno Pontes Nigro" – Disponível em http://ferroviasdobrasil.blogspot.com.br/2010/03/estacao-ferroviaria-de-bocaina-sp.html*

Percebendo a complexidade econômica e logística na história brasileira, as coisas não são tão simples. Também influenciou muito na decadência da Douradense a queda vertiginosa do preço do café, devido à crise na Bolsa de Nova York em 1929. Como eram quase que dependentes dos negócios do café, o *crack* de Wall Street arrasou as receitas de suas linhas. Não havia luz no fim do túnel. A Douradense não podia saldar as dívidas com a Companhia Paulista, que já vinha financiando várias de suas operações. Era a crônica de uma morte anunciada.

Em 1949, no aniversário de 66 anos da estação de Dourado, a Cia. Paulista adquiriu a Douradense. O curto ramal de Dourado parou de funcionar em 1966, e seus trilhos foram retirados logo em seguida.

Assim, a CEFD foi integrada à Companhia Paulista em Ribeirão Bonito e Jaú, e com a E. F. Araraquara em Tabatinga. Então a Douradense passou a compor uma grande rede de ferrovias, unindo muitas cidades pequenas e as ligando aos maiores corredores de escoamento do café para exportação. Então, a Companhia Dourado, mesmo assimilada pela Paulista, foi responsável pelo crescimento de vários polos de colonização, principalmente de imigrantes italianos, dentre eles as cidades de Nova Europa e Nova Paulicéia.

Acompanhando a proliferação dos pés de café pelas bandas paulistas, a Ferrovia Dourado era parte da grande malha da Companhia Paulista, com aproximadamente 350 quilômetros de linhas. Sua linha-tronco possuía 212 km, donde saíam os ramais de Posto Rangel, cuja bifurcação deu origem aos ramais de Bariri, Jaú Dourado e Itápolis. A extensão da linha-tronco, que liga Tabatinga a Novo Horizonte foi o último trecho construído pela companhia, isto em 1939.

Nos anos de 1930 a Douradense tinha aproximadamente 200 trabalhadores. Eram escriturários, maquinistas, chefes e mestres de linha, serventes e carpinteiros. Eram 17 locomotivas de bitola métrica e quatro de bitola estreita, dois autos de linha, um carro de administração e diferentes vagões para o transporte de animais e bagagens.

A Companhia Paulista percebeu a vocação da Douradense, entreviu o progresso e o desenvolvimento em seu DNA. Sabia que, por enquanto, tinha feito um bom negócio – e seus diretores devem ter previsto também o futuro domínio do rodoviarismo no país, pelo modo agressivo com que se expandia no seu estado mais desenvolvido.

Assim, a Paulista investiu substancialmente na reconstrução das estações, na reforma das linhas e na renovação do material rodante. Seu maior investimento foi a criação da ligação direta entre Novo Horizonte e São Carlos, sem que fosse preciso fazer a baldeação em Ribeirão Bonito.

Mas o país se tornava cada vez mais o novo platô do rodoviarismo, assim, os investimentos na estrada de ferro Douradense não deram retorno. As linhas foram desmontadas na passagem da década de 1950 para a de 1960, por meio de um programa de erradicação de ramais "antieconômicos", promovido pelo governo federal. Suas linhas foram sendo arrancadas a partir de 1964. Quando a ferrovia foi definitivamente fechada, restava somente a linha tronco Ribeirão Bonito-Ibitinga.

Em janeiro de 1969 partia a o último trem, a última viagem São Carlos-Ibitinga, acontecimento melancolicamente levado à estampa pelo jornal Folha de São Paulo: "À meia-noite de hoje morre o Ramal de Ribeirão Bonito".

# 9. COMPANHIA MOGIANA DE ESTRADAS DE FERRO

Fundada em 18 de março de 1872, a Companhia Mogiana de Estrada de Ferro prestou serviços importantes ao estado de São Paulo. Foi comparável, em importância, à Companhia Paulista e à Cia. Sorocabana, pelo total de seus trilhos (já que ao longo de sua história chegou a ter 2000 quilômetros de linhas) e também por sua posição estratégica: foi a primeira a estabelecer uma conexão ferroviária com Minas Gerais e, no contexto do estado de São Paulo, foi a primeira ligação férrea entre as cidades de Campinas e Mogi-Mirim.

A Cia. Mogiana surge muito em função da chegada da Cia. Paulista a Campinas. Antes das obras serem de fato concluídas em Campinas, já se projetava sua extensão até Rio Claro, desconsiderando os interesses dos empresários agrários mogianos, obviamente interessados em que sua cidade estivesse integrada aos trilhos e rumos da Paulista.

A ideia de que a Paulista deveria integrar tanto o município de Rio Claro quanto o de Mogi Mirim ia sendo deixada de lado. Isto por pressão dos produtores do oeste do estado, que viam Mogi como "fora de mão". Em outras palavras, a extensão da Paulista, se contemplasse os dois municípios, elevaria o valor do frete do café.

Perdida a queda de braço com os produtores de Rio Claro, os empresários de Mogi trataram logo de construir sua própria ferrovia.

Assim, a Companhia inaugurou seu primeiro trecho, que ligava Campinas a Jaguariúna (Jaguary, na época), em 1875. Alcançava Mogi Mirim em agosto daquele ano e, já em 15 de novembro, inaugurava o ramal entre Jaguariúna e Amparo.

Além da ferrovia era preciso construir uma edificação que abrigasse as funções administrativas, principalmente as reuniões dos acionistas. Como estes moravam em sua maior parte em Campinas, sua primeira sede foi inaugurada nesta cidade, em 1878.

A atividade da Mogiana, até a década de 1890, foi caracterizada pela construção das estradas "cata-café", que na verdade eram vários pequenos trechos da ferrovia, isto para atender primeiramente as fazendas posicionadas no entorno das linhas principais.

Mais tarde é erguida a sede própria em Mogi, em 1891. Era o Palácio da Mogiana, na região central da cidade. Bela e imponente, a sede da Mogiana era também uma resposta, uma demonstração de poder frente a seus concorrentes no estado. Suas oficinas iriam apresentar o mesmo rigor arquitetônico que os edifícios de sua sede, simbolizando seus ideais de progresso e modernização.

Em 1895 Carlos William Stevenson ingressou na companhia como engenheiro residente, formado pela Escola Politécnica do Rio de Janeiro. Stevenson trouxe o *know how* ferroviário de sua passagem por Campinas, quando ajudou a construir o Ramal férreo Campineiro. Em dois anos, já era o chefe de locomoção, cargo em que demonstrou grande domínio técnico, tendo projetado e construído as famosas "Officinas Companhia Mogiana".

As oficinas projetadas por Stevenson tornaram-se modelo de inovação. No total, foram 13 anos dedicados ao projeto e à execução dessas oficinas. Depois de sair do ramo ferroviário, o engenheiro dedicou-se à vida acadêmica, lutando em seus estudos por mostrar a importância das edificações para o melhor desenvolvimento de nossa malha ferroviária. Para tanto, estudou a resistência dos trens, o funcionamento das trações e os diferentes traçados ferroviários.

No caso específico das oficinas, preocupou-se a disposição, distribuição e com o agrupamento das oficinas, tanto quanto com suas peculiaridades técnicas e arquitetônicas.

A passagem do fim do século XIX para o início do XX foi o início dos períodos mais críticos da Mogiana, mesmo que isto só venha a se aprofundar na década de 1930. Mesmo assim, no ano de 1921, a CMEF estabelecia a ligação a Minas: chegava à cidade de Passos, trazendo para a esfera de influência de São Paulo o comércio do Triângulo Mineiro. A partir de então, a Mogiana concentrou-se em consolidar suas linhas e ramais, ao invés de continuar seu processo de expansão, claramente inviabilizado pela crise do café que atingiu todas as ferrovias paulistas.

Além da crise da Bolsa de Wall Street em 1929, as duas guerras mundiais foram também duros golpes na Mogiana.

Em suma, nos seus primeiros 50 anos de atividades, buscou sempre a expansão de seus trilhos e fez várias tentativas de fusão com a Companhia Paulista.

Na segunda metade de sua vida sofre o impacto de uma grande crise financeira, que culminará com sua encampação, em 1952, pelo Governo do Estado de São Paulo, que passou a administrar as ferrovias sem, contudo, integrá-las ao patrimônio do estado. É nesse ano também que adquire suas primeiras locomotivas diesel-elétricas.

Suas operações duraram até 1971; neste ano foi incorporada à Fepasa – Ferrovia Paulista S.A., que passou a reunir a Paulista, a Sorocabana, a Araraquarense, a São Paulo-Minas e a Mogiana.

*Interior das oficinas da Companhia Mogiana, anos 30.*
*http://www.cmef.com.br/ft_co_oficina_interior.htm*

Depois da crise, a Mogiana ainda luta pela sua modernização; adquire novos vagões de carga, fabrica carros metálicos... Mas os deficits intermitentes, que abalavam também outras companhias, acabam causando a unificação das ferrovias paulistas por meio da Fepasa.

Em 1970 restavam apenas 1500 km dos 2000 que tinha em 1922. Dramaticamente, como de resto todo o sistema ferroviário nacional, sofreu o impacto do rodoviarismo, mais caro, mais poluente e menos eficiente do que transporte sobre trilhos.

Um controverso processo que previu a preservação dos prédios históricos do patio ferroviário central de Campinas poupou a maior parte do complexo produtivo da Cia. Mogiana, perdendo apenas o prédio da fundição.

Com a total extinção da RFFSA, em 2006, a preservação deste patrimônio está comprometida, com a malha ferroviária nas mãos da Ferroban (Ferrovias Bandeirantes S.A.), controlada pela ALL – América Latina Logística. No caso da Mogiana e seus prédios em Campinas, parte deste patrimônio (trilhos, conteúdo dos prédios, material de linha) vem sendo não só desmontado como também comercializado.

# 10. ESTRADA DE FERRO SÃO PAULO-RIO

Do ponto de vista histórico, é impossível tratar da história da Estrada de Ferro São Paulo-Rio sem abranger também a história da Estrada de Ferro do Norte e da Estrada de Ferro Dom Pedro II. Como visto na Introdução, quanto maior e mais importante tiver sido uma ferrovia brasileira, mais sua história será calcada na aglutinação e assimilação de outras ferrovias menores, mas não menos importantes.

O Vale do Paraíba, no estado de São Paulo, tinha várias cidades que eram importantes polos cafeicultores. A situação permaneceu assim até o começo do século XX, quando a terra apresentou sinais de fadiga. Nesse ínterim, o Vale foi de uma pujança que enriqueceu muitos fazendeiros e trouxe grandes benefícios para a região.

Um deles foi a construção da Estrada de Ferro São Paulo-Rio, inicialmente chamada de Estrada de Ferro do Norte, com este nome adotado devido à região estar situada ao norte da capital paulista, e por ser famosa com tal designação desde os tempos dos bandeirantes.

Em termos tecnológicos, a chegada do trem ao Vale do Paraíba foi uma verdadeira revolução, trazendo um novo arranjo urbanístico para suas cidades. Das cidades que eram atravessadas pela ferrovia, sua parte mais antiga está sempre no entorno da estação. As cidades do Vale, que se desenvolviam principalmente às margens do Rio Paraíba, passaram a ter um novo eixo de desenvolvimento.

Inaugurada em 1875, a Estrada de Ferro do Norte ligava a próspera região ao terminal da São Paulo Railway, na capital. Tinha 231 km de trilhos na antiga bitola métrica. Em 1877 a E. F. do Norte chegava finalmente à Cachoeira, ainda que num primeiro momento não tenha havido a integração, devido à questão das diferentes bitolas. Enquanto a Estrada do Norte possuía 1 metro de espaço entre os trilhos, a Estrada de Ferro Dom Pedro tinha espaçamento de 1,60m.

Esta bitola fora escolhida porque o material importado da Inglaterra estava de acordo com este padrão. Todo este material foi importado pelo Brasil já como sucata, visto que a Inglaterra estava implantando a bitola de 1,4m como padrão em suas estradas de ferro. Por sua vez, a bitola da ferrovia do Norte, que era mais estreita, tinha sido adotada porque representava menores custos para construir pontes e viadutos.

Assim, a locomotiva partia da Estação Norte (hoje Estação Roosevelt), no bairro do Brás, e chegava à cidade de Cachoeira Paulista. A partir dali, a carga e os passageiros que se destinavam ao Rio de Janeiro precisavam atravessar o rio Paraíba em balsas, o que tornava a viagem bastante morosa. Chegavam então à estação da Estrada de Ferro Pedro II, cujos trens os levavam ao Rio.

Estes só chegavam a Cachoeira Paulista ao entardecer, o que obrigava os passageiros a dormirem na cidade antes de fazer a travessia do Paraíba. Os mais ricos dormiam nos torreões da estação da cidade, os mais pobres, em casinhas que ficavam nos arredores da estação. No dia seguinte, seguiam viagem em direção à Corte. Esta baldeação tornava mais caro o frete do café do Vale, que ficava mais caro que o café do sudeste de São Paulo. Assim começou a decair o café do vale-paraibano.

Em 1879 foi concluída uma ponte sobre o Paraíba, unindo as duas ferrovias. Mas a carga e os passageiros ainda passavam por uma baldeação, devido à diferença de bitolas entre as ferrovias. Em 1890, já sob a administração republicana, a ferrovia foi incorporada pela Estrada de Ferro Central do Brasil. A unificação das bitolas veio em 1912, quando o tempo de viagem tornou-se consideravelmente mais curto. Mesmo assim, devido à sua manutenção ser muito cara, a E. F. do Norte passava por graves apuros financeiros.

Nos tempos em que ainda era apenas a Estrada de Ferro do Norte, passava pelas estações da Penha (substituída depois pela de Guaiaúna), Lageado (atual Guaianazes), Mogi, Guararema, Jaguaraí, São José dos Campos, Caçapava, Quiririm, Taubaté, Pindamonhangaba, Roseira, Aparecida, Guaratinguetá, Lorena, Cachoeira e Corte.

A maior estação era a de Cachoeira Paulista, em contraste com as de São José dos Campos e Caçapava, que eram prédios bastante simples. A estação de Taubaté impressionava por sua imponência, por sua arquitetura eclética e europeia, opulência diretamente relacionada ao capital da cafeicultura. A estação de Guaratinguetá tinha as mesmas características. A de Quiririm deixou de existir depois da retificação da bitola métrica.

Em Caçapava havia troca de trens e Corte era a estação do Rio de Janeiro, que requeria baldeação para os trens da então Estrada de Ferro D. Pedro II. Em São José dos Campos, os trilhos passavam por um trecho próximo onde hoje está o anel viário e em Jacareí o trem atravessava o centro do município.

A Estrada de Ferro do Norte foi um eixo de desenvolvimento econômico até a década de 1940, momento em que o rodoviarismo começou a ganhar força. As cidades tinham passado a ser conhecidas também pelos nomes das estações. "Aparecida do Norte", oficialmente era apenas Aparecida, e isto aconteceu devido a sua estação ser bastante movimentada, recebendo romeiros e devotos da santa vindos de todo o país. Outro exemplo é Pindamonhangaba, que passou a ser conhecida também por "Princesa do Norte".

A história da ferrovia São Paulo-Rio é obviamente indissociável da história da ferrovia D. Pedro II. O Império, com o auxílio do construtor inglês Edward Price, por meio de um acordo de construção assinado em 9 de fevereiro de 1855, definiu um traçado peculiar para a ferrovia.

Os trilhos dividiram o Vale do Paraíba em dois: de um lado, um vale conservador, dominado pelas elites cafeeiras, cruzado pela ferrovia; ali prosperam a agricultura, a indústria e o comércio, mas também uma homogeneização cultural urbana que parece ser irreversível. No outro vale, onde não se vê nem sombra dos trens, a escassez, a pobreza, os baixos índices de desenvolvimento humano; mas também a conservação de uma riqueza tradicional, do artesanato à culinária.

Em Cruzeiro, cidade do Vale do Paraíba, havia uma oficina ferroviária da Central do Brasil. Por sua posição geográfica, foi escolhida para iniciar um ramal ferroviário, como ligação com o estado de Minas Gerais.

*Estação ferroviária de Cachoeira Paulista, criada em 20 de julho de 1875.*
*https://pt.wikipedia.org/wiki/Estação_Ferroviária_de_Cachoeira_Paulista#/media/File:Estação_Ferroviária_de_Cachoeira_Paulista_02.jpg*

# 11. ESTRADA DE FERRO SÃO PAULO-MINAS

Inicialmente denominada Companhia Melhoramentos de São Simão, a São Paulo-Minas surgiu em 1890 a partir da iniciativa do empresário Jorge Fairbanks, em parceria com a intendência da Vila de São Simão, em São Paulo. Inicialmente esta estrada foi feita para atuar dentro dos limites do município.

Seu propósito era o mesmo de todas as ferrovias da época: escoar a produção crescente de café, especialmente da poderosa Fazenda Santa Maria. Mas A ideia era que a ferrovia atendesse também pelo menos 20 grandes fazendas cafeeiras na região entre São Simão e Serra Azul.

Esta estrada de ferro partia de São Simão no sentido sul, rumando em direção à base da serra de São Simão, onde havia diversas fazendas produtoras de café. No pé da serra encontrava um local chamado Cangalha, e depois subia a serra até chegar à estação Resfriado. Dali se descia a serra até chegar na fazenda Santa Maria, com nova parada. Depois, seguia-se em direção ao norte até a fazenda de Tamanduazinho, donde se partia para a freguesia de Serra Azul.

Havia uma estação da Companhia Mogiana em São Simão, e a ferrovia da Melhoramentos ligava esta estação a diversas fazendas da região. O primeiro trecho, de aproximadamente 13 km, entrou em atividades em 1893, e no final deste ano foi inaugurado o trecho Estação Chave--Resfriado. O segundo trecho (Estação Resfriado-Fazenda Santa Maria) passou a funcionar já no ano seguinte, ao mesmo tempo em que a Melhoramentos fechou suas portas. Isto fazia de Fairbanks o único dono da Estrada.

Tendo conseguido um empréstimo, Fairbanks alterou o traçado original da estrada, fazendo com que o traçado desviasse da Serra de São Simão. Com isso, 23 km de trilhos foram arrancados.

O empresário também contratou, juntamente com a Mogiana, o entroncamento de Bento Quirino e rescindiu o contrato de 1890 com o município de São Simão. A partir daí a estrada foi administrada sob o contrato de concessão do Estado.

Assim, em 1902, quando seus trens deixaram de sair do centro da cidade e começaram a partir da estação de Bento Quirino, surgiu a Estrada de Ferro São Paulo-Minas, pois a linha que vinha do centro era muito mais extensa. Mas foi somente em 1906 que esta ferrovia passou a ser oficialmente denominada Estrada de Ferro São Paulo e Minas, e cinco anos depois esta via de bitola estreita já ligava São Simão à cidade mineira de São Sebastião do Paraíso.

Em 1908 uma companhia inglesa comprou as ações da ferrovia, que passou a se chamar *The São Paulo and Minas Railway*. A companhia, alguns meses antes, havia adquirido a concessão de outra estrada que seria construída a partir de São Sebastião do Paraíso/MG. Este trecho foi finalizado em 1911.

A Companhia ia bem, mas, no início do século XX, como tantas outras ferrovias, enfrentou adversidades financeiras e foi hipotecada. Em 1922 a São Paulo e Minas foi vendida para a Eletro Metalúrgica Brasileira, com sede em Ribeirão Preto/SP. Assim, a ferrovia serviu para o transporte do minério das jazidas de Jacuí, em Minas Gerais. A Eletro, depois de quitar suas dívidas, pegou novos empréstimos para construir um ramal entre Ribeirão Preto e Serrinha. O resultado foi que a empresa teve que hipotecar muitos trechos da estrada e, não podendo pagar essa dívida, faliu em 1930, sendo a partir deste momento administrada pelo Estado.

Podendo contar com as verbas do governo, a ferrovia foi adaptada à bitola larga para que em 1934 fosse inaugurado o seu trecho mineiro. Com isso, a estrada viu crescer muito sua capacidade de transporte. O sistema foi incrementado, levando para Minas Gerais as locomotivas e vagões que antes pertenciam às companhias Sorocabana e Araraquara. A companhia mantinha tráfego mútuo com a Mogiana nos municípios em que ambas tinham estações.

Em 1944 foi concluída a reforma do ramal Serrinha-Ribeirão Preto, intensificando o transporte de cargas entre as regiões da Paulista e da Alta Mogiana e o sudoeste mineiro.

No início da década de 1960 a São Paulo-Minas foi seccionada, para que sua linha-tronco estivesse ligada à Mogiana, cujas linhas recebiam seus trens. Em 1967, foi integrada à Companhia Mogiana, que também era administrada pelo Governo do Estado. No ano seguinte, já estava fechado o trecho entre Ipaúna e Simão. Dois anos depois, a São Paulo e Minas foi transformada em uma empresa de economia mista, para finalmente, em 1971, ser incorporada pela Fepasa.

Seus trens de passageiros funcionaram até 1976. Hoje o trecho Ribeirão Preto- São Sebastião do Paraíso está totalmente abandonado.

*Colheita de café em fazenda no interior de São Paulo, início do século XX. http://chavantesporliliaalonso.blogspot.com.br/2012/05/o-cafe.html*

# 12. ESTRADA DE FERRO ARARAQUARA

Como a Cia. Paulista tinha adquirido todas as concessões ferroviárias na região araraquarense, como consequência de sua aquisição da E. F. Rio Claro, a criação da Estrada de Ferro Araraquara dependeu da aceitação por parte da Paulista.

Assim, a Araraquara foi fundada em 1895 por cafeicultores da região dessa cidade, tornando-a em poucos anos o segundo maior polo produtor de café do Estado de São Paulo. Em seus primeiros anos de vida a ferrovia viveu uma monótona estagnação devido à crise econômica da passagem do XIX para o XX. Remediava suas dívidas com amargos novos empréstimos. Ainda assim, em 1901 os trens da Araraquara já despontavam em Ribeirãozinho, que fica a 75 km da cidade, sendo estabelecido deste modo o seu primeiro trecho.

Em 1909 a companhia é abalada por percalços financeiros; um grupo de engenheiros a adquirem, buscam recursos no exterior e saneiam as finanças da empresa. Poucos anos depois já estavam necessitando de novos empréstimos, principalmente por seu plano de estender suas linhas até a cidade de Rio Preto/MG. Este plano talvez fosse a última saída, porém foi o responsável pela falência daqueles engenheiros, que já tinham adquirido também a Estrada de Ferro do Dourado e a São Paulo-Goiás.

A Cia. de Araraquara passou a ser gerida pelos credores. Embora sem conseguir o ressarcimento de seus prejuízos, conseguiram estender seus trilhos até Tabatinga.

A EFA segue sua trajetória comprando pequenas ferrovias no seu entorno. Após nova crise, decreta falência em 1914. Após dois anos de imbróglio judicial, a *São Paulo Northern Railroad Company* adquiriu o acervo de sua massa falida. E novamente o capital estrangeiro iria administrar uma ferrovia brasileira: a matriz da empresa ficava em Delaware, nos EUA, e isto aconteceu devido aos acordos daqueles credores com os bancos europeus que lhes forneceram empréstimos.

Sob esta administração, a ferrovia viveu seus piores dias, sem investimentos nem reformas. Suas rendas iam diretamente para Niterói, onde a empresa instalara sua filial brasileira. Os salários dos empregados estavam constantemente atrasados e as reclamações pela má prestação de serviço eram frequentes.

Por estes motivos, mas também devido à sua importância comercial, é adquirida pelo Governo do Estado de São Paulo em 1920, quando ocorre sua maior onda de desenvolvimento. Os investimentos do estado e o excelente desempenho do café das lavouras de Araraquara impulsionaram seu crescimento.

Suas estradas ultrapassam São José do Rio Preto, alcançando as margens do Rio Paraná, na divisa com o Mato Grosso do Sul. A ferrovia chegou a ter 507 km de extensão, se forem considerados também os seus ramais.

Substituirá a bitola métrica pela bitola larga na década de 50, harmonizando-se com a Companhia Paulista, cujos trilhos passavam por Araraquara. Abre assim o caminho (mesmo que indireto) para o porto de Santos. No auge de sua expansão, chegou à fronteira do atual estado do Mato Grosso do Sul.

*Interior do carro de primeira classe da EFA, nos primórdios do século XX. http://www.abpfsp.com.br/ferrovias/ferrovias66.htm*

# 13. AS FERROVIAS E O DESENVOLVIMENTO DO OESTE PAULISTA

A Estrada de Ferro Sorocabana chegou ao Oeste Paulista há 101 anos. A linha chegou em Rancharia, no km 648, em 1916. A estação ferroviária foi inaugurada em 10 de setembro, segundo os documentos arquivados no Museu Municipal Manir Haddad. Na área rural do município foi construída também a Estação Bartira. O advento dos trens na região levou para lá o crescimento econômico e urbano das cidades por onde as locomotivas passavam. Hoje, a malha do Oeste Paulista traz também inúmeras recordações.

A exuberante produção cafeeira, que ajudou a tornar o Oeste Paulista o líder na produção do "ouro negro", se deve a fatores como o excelente solo, as chuvas regulares, as temperaturas amenas e sua topografia de terras planas, com menores declives que as terras do Vale do Paraíba. Outra vantagem do Oeste em relação ao vale era o tamanho das propriedades em relação aos acidentes geográficos, permitindo uma continuidade física entre as várias fazendas de um mesmo proprietário, o que não ocorre em áreas de vale cortadas por rios.

Mas, após mais de um século de sua implantação, a ferrovia do Oeste, que já foi sinônimo de pujança econômica, reflete hoje o descaso por que passa em todo país o transporte ferroviário. Para Eduardo Romero de Oliveira, professor da Universidade Estadual Paulista (Unesp), a formação das cidades na região deve muito aos trens, que também motivaram a formação de loteamentos, os quais nasciam em função das malhas e sob a tutela de pessoal envolvido com a ferrovia.

As estradas do café, como eram chamadas as ferrovias pioneiras de São Paulo, representaram transporte seguro, rápido e bem mais barato para o "ouro negro", fato registrado no livro de Dióres Santos Abreu, "Formação Histórica de uma Cidade Pioneira Paulista: Presidente Prudente".

No que diz respeito ao Oeste Paulista, porém, outros fatores atuaram na expansão das linhas. Graças à ferrovia aqueles que negociavam as terras tinham um trunfo nas mãos para levar potenciais compradores a visitarem a região. Os trens propiciaram o avanço dos loteamentos pelo Oeste, sua ocupação e a utilização do solo. Centros urbanos emergiram ao longo das linhas. As ferrovias abasteciam estes centros eficientemente com manufaturas, até mesmo importadas, para o consumo dos munícipes. Não houvesse a ferrovia, os colonos que buscavam riqueza, os aventureiros ciosos de uma oportunidade e os consumidores em geral não teriam aparecido por lá. A linha ferroviária do Oeste Paulista trouxe consigo uma forte onda de progresso.

Tendo por motivador principal o escoamento das safras de café, os fazendeiros mostraram extremo empenho no desenvolvimento das ferrovias. As linhas da Mogiana, da Paulista, da *São Paulo Railway* e da Ituana surgiram assim.

A Sorocabana, porém, teve outras motivações para o seu surgimento. Ela se destinou ao escoamento da produção de ferro da fábrica São João de Ipanema, a qual abastecia São Paulo, outros estados brasileiros e também outros países.

*Fundição Real Fábrica de Ferro São João do Ipanema em 1884*
*https://pt.wikipedia.org/wiki/Fundi%C3%A7%C3%A3o_Ipanema*

# 14. FERROVIAS PAULISTAS: SITUAÇÃO ATUAL

Ter uma malha ferroviária ampla é fundamental para assegurar o desenvolvimento de qualquer região. A do Estado de São Paulo, controlada hoje pela iniciativa privada e denominada Malha Paulista, tem 5000 km, pode ser comparada à de países desenvolvidos, mas transporta mal, em pouca quantidade e por um preço muito caro.

Cargas são transportadas a uma velocidade que corresponde à metade da média brasileira. Acrescente a isso que um terço dos clientes reclama dos preços das ferrovias brasileiras e você terá um quadro genérico dos problemas com transporte ferroviário no estado de São Paulo.

Se realizadas as obras necessárias, a Malha Paulista poderia transportar 75 milhões de toneladas por ano. Atualmente, transporta 30 milhões e está no limite de suas operações. Além disso, 93% do que é levado pelos trens da Malha constitui-se de combustíveis e produtos agrícolas, restringindo a diversidade econômica e encarecendo o transporte de outros setores. Apenas 6% das cargas paulistas vão de trem, o meio mais barato e com mais capacidade de carga pela via terrestre. O restante, assinalando um atraso que é inconcebível para a economia brasileira, vai de caminhão.

Outra vantagem do ferroviarismo é seu baixíssimo impacto ambiental. As ferrovias emitem apenas 25% dos gases de efeito estufa quando comparados ao transporte rodoviário. O frete dos trens representa um sexto do frete dos caminhões. Como já afirmei no meu livro "Ferrovias" (Kotter Editorial, 2016), "o trem salva vidas, seja pela diminuição de caminhões nas estradas, seja pela diminuição da poluição cancerígena das cidades. O trem é barato, o trem é limpo".

Na Rússia, os caminhões respondem por 8% do total de cargas transportadas, enquanto no Brasil este índice chega a 68%. Diante deste quadro, o investimento nas ferrovias do Estado de São Paulo é urgente, e todos os estados do país mereceriam o mesmo cuidado. Sem isto, corremos o risco de ficarmos estagnados em nossa baixa competitividade internacional. A reativação dos trens traria ainda mudança no cenário nacional, já que muitos produtos não perecíveis da cesta básica poderiam custar a metade do preço nas gôndolas do mercado.

Quando falamos em investimento na malha ferroviária paulista estamos nos referindo à implantação de novas linhas, sejam elas privadas, consorciadas com o poder público ou mesmo com recursos vindos exclusivamente do Estado. É preciso também investir em tecnologias que tornem mais eficientes as ferrovias que já existem. Um exemplo é o sistema CBTC – Communications-Based

Train Control, em que o controle dos trens acontece em simultâneo com o controle das vias, aumentando a capacidade de transporte, otimizando o tráfego e evitando acidentes. Este sistema integra a locomotiva, o aparato de sinalização e o centro de controle.

Paira nos ares do estado paulista uma sensação de aceitação do trem por parte de sua população. Em contrapartida, boa parte do caos logístico em nosso país vem do não aproveitamento de nossa malha ferroviária. Enquanto isso, parece que a lei do asfalto vai se entranhando em nossa cultura, apesar de ser um modelo cruel e perverso.

*Passageiros à espera do trem em Campinas, SP.*
*http:// www.cptmcampinas.com.br*

E sem meias palavras podemos dizer que o nome do desastre é "monopólio". É por pensar assim que presido a FerroFrente, entidade que reúne membros da sociedade civil que comungam de valores democráticos. Por isso dizemos ser preciso aumentar a concorrência, forçando o atendimento a setores menores da economia e a redução de preços. Nossa posição é contra o lobby automobilístico plutocrático, que é irracional e inconsequente, se levarmos em conta todas as suas desvantagens.

Por fim, se defendemos de modo geral a retomada das ferrovias no estado de São Paulo e em todo o Brasil, podemos nos deter também em um ponto em particular, ao cotejarmos o uso do trem no transporte de passageiros e o direito ao transporte. O acesso ao transporte deve ser cobrado pelos cidadãos, pois se trata de um direito-meio, pois através dele se pode ter acesso à educação e à saúde pública, integrando todo um conjunto de direitos que estão ligados à Declaração Universal dos Direitos Humanos e à Constituição de 1988.

# REFERÊNCIAS

Companhia E. F. do Dourado. Disponível em http://www.ferreoclube.com.br/2016/12/18/companhia-e-f-do-dourado/. Acesso em: 19 mar. 2018.

Companhia Rio-Clarense. Disponível em: http://www.promemoria.saocarlos.sp.gov.br/index.php?option=com_content&view=article&id=211&Itemid=202. Acesso em 09 abr. 2018.

FEREZIM, Renato. A estrada de ferro Rio-São Paulo. Disponível em: http://saopaulotremjeito.blogspot.com.br/2011/09/estrada-de-ferro-rio-sao-paulo.html. Acesso em 30 mar. 2018.

FRANCISCO, Rita de Cássia. As Oficinas da Companhia Mogiana de Estradas de Ferro: Arquitetura de um complexo produtivo. Dissertação de Mestrado – FAU/USP. São Paulo, 2007.

GIESBRECHT, Ralph Menucci. Cia. Ramal Férreo do Rio Pardo – Cia Mogiana de Estradas de Ferro — FEPASA. Disponível em: http://www.estacoesferroviarias.com.br/s/sjriopardo.htm. Acesso em: 17 mar. 2018.

______________. São Paulo Railway – E. F. Santos-Jundiaí – RFFSA. Disponível em: http://www.estacoesferroviarias.com.br/s/santos.htm. Acesso em: 15 mar. 2018.

GONÇALVES, José Manoel Ferreira. Ferrovias. 1ª edição. Kotter Editorial. Curitiba, 2016.

GRANDI, Guilherme. Estado e capital ferroviário em São Paulo: A Companhia Paulista de Estradas de Ferro entre 1931 e 1960 [Recurso eletrônico] / São Paulo: FFLCH/USP, 2013.

GRIZOTO, Fábio Luis. Memória Ferroviária da cidade de Itu. Trabalho de Conclusão de Pós-Graduação – CELACC / ECA / USP. São Paulo, 2012.

INOUE, Luciana Massami. A companhia Paulista e suas vilas ferroviárias: história de empresa e patrimônio industrial. XI Congresso Brasileiro de História Econômica – 12ª Conferência Internacional de História de Empresas. Vitória, 2015.

LATUFF, Carlos. Estação Ferroviária de Bocaina. Disponível em: http://ferroviasdobrasil.blogspot.com.br/2010/03/estacao-ferroviaria-de-bocaina-sp.html. Acesso em 22 mar. 2018.

OLIVEIRA, Eduardo Romero de. Patrimônio Ferroviário do Estado de São Paulo: As condições de preservação e uso dos bens culturais. Revista Patrimônio e Cultura Material. Projeto História n. 40, jun 2010 – pp. 179-203.

PIMENTA, D. J., ELEUTÉRIO, A. B., CARAMURU, H. As ferrovias em Minas Gerais. 1ª ed. Editora Sesc / Minas Gerais. Belo Horizonte, 2003.

STEFANI, Célia Regina Baider. O sistema ferroviário paulista: um estudo sobre a evolução do transporte de passageiros sobre trilhos. Dissertação de Mestrado – Depto. de Geografia / FFLCH / USP. São Paulo, 2007.

Este livro foi impresso em papel pólen bold
90g/m², tipologia Crimson Text 11,5/16,
no inverno de 2018.